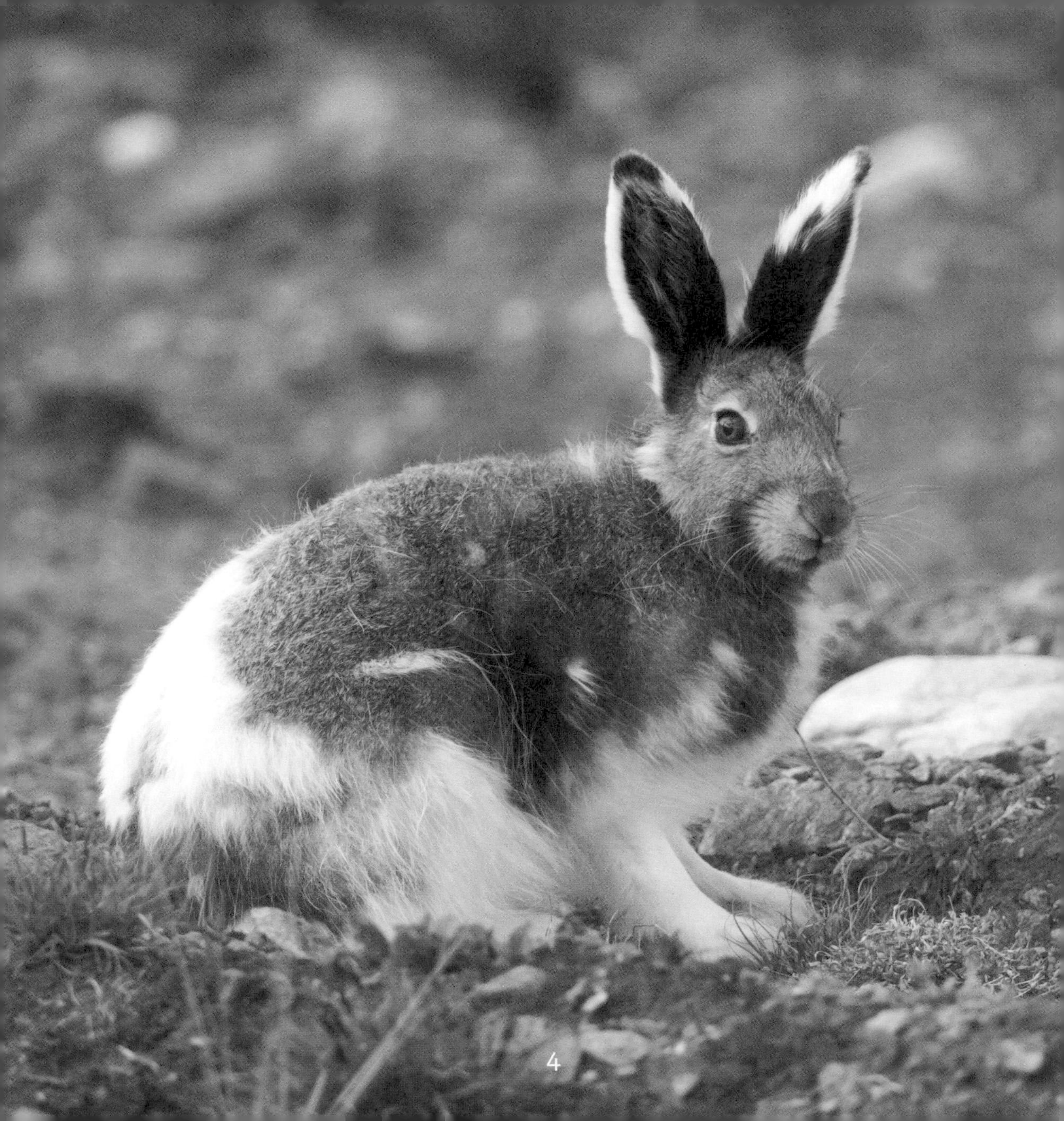

hare

lemming

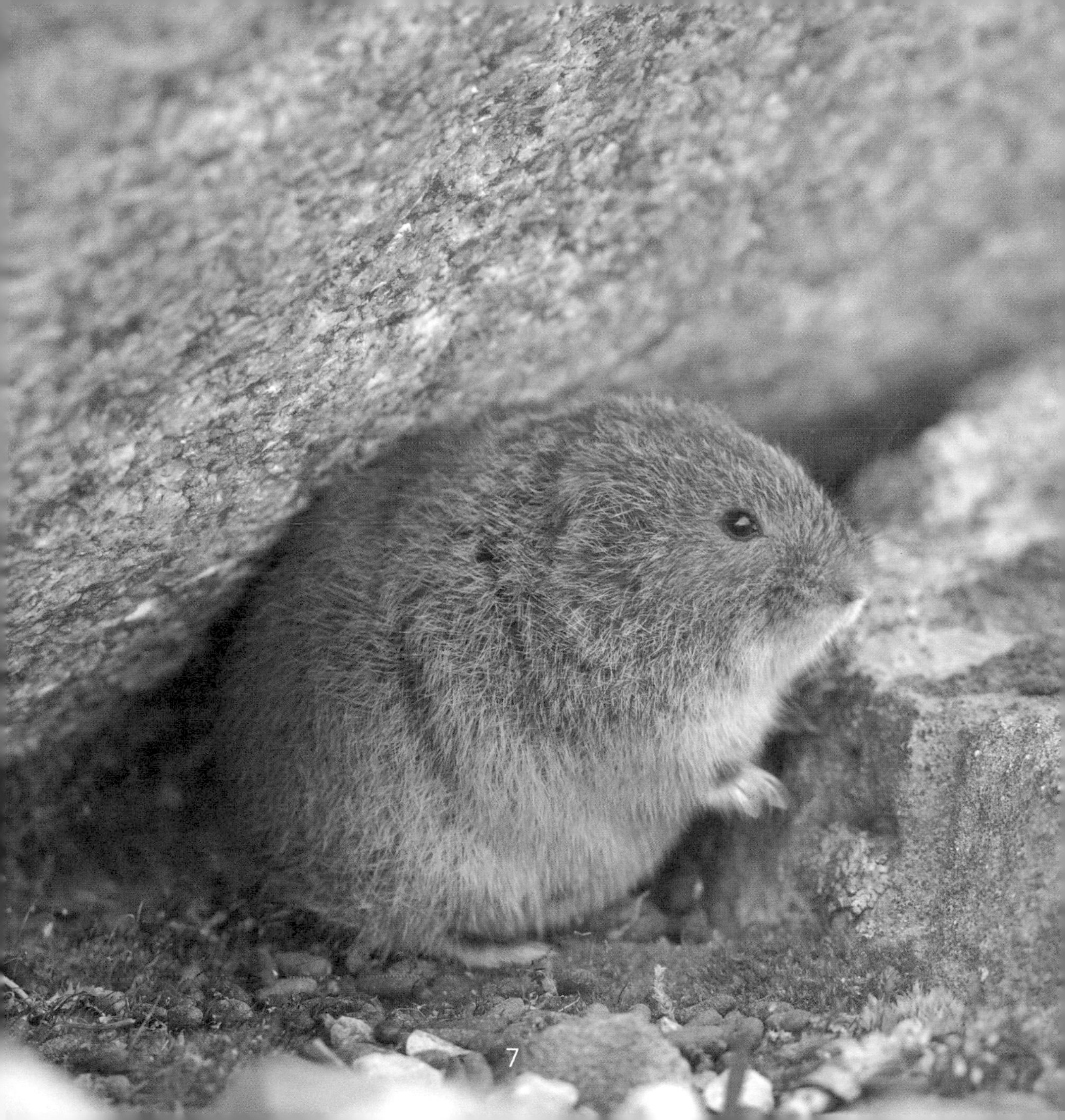

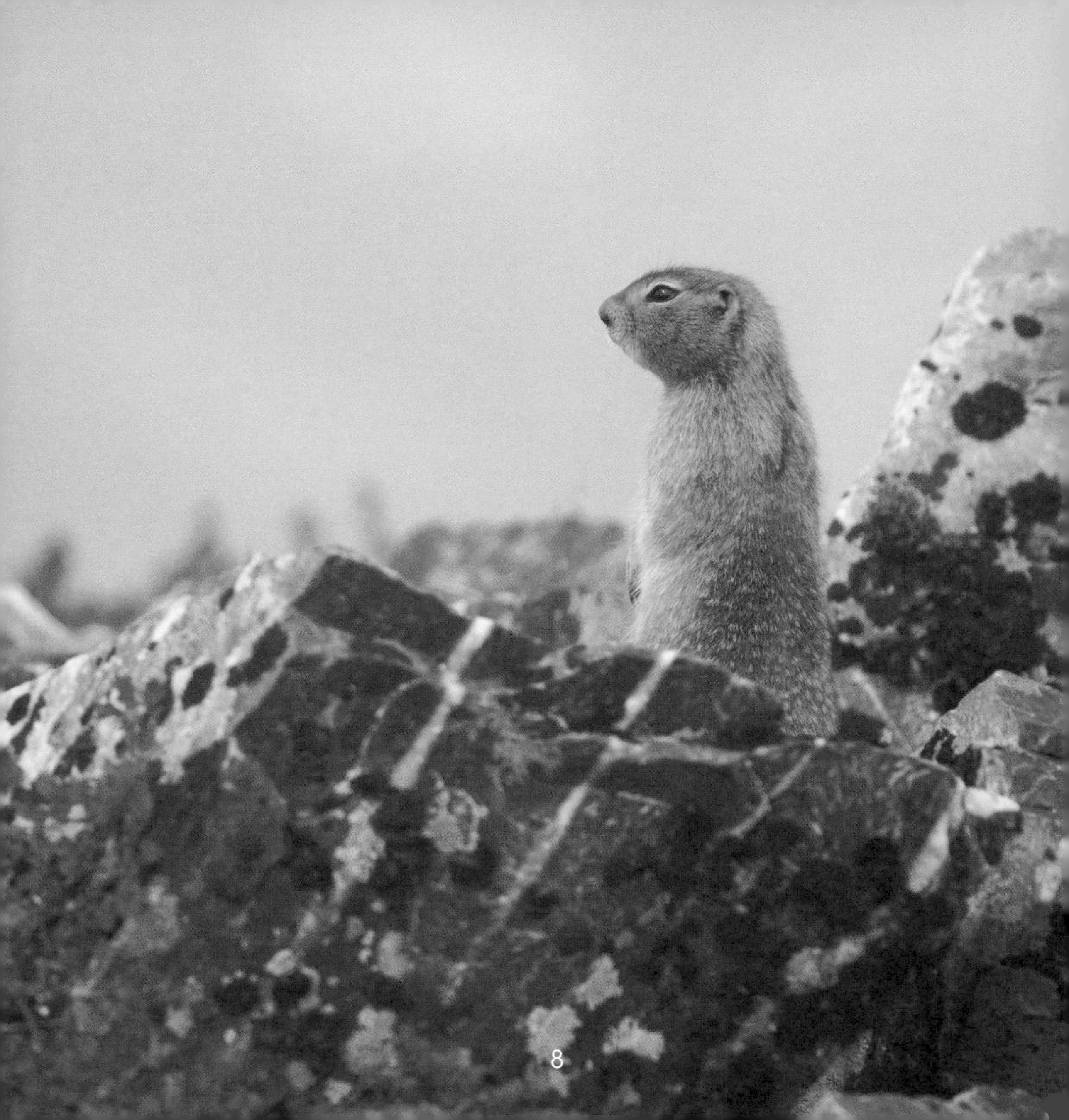

siksik

weasel

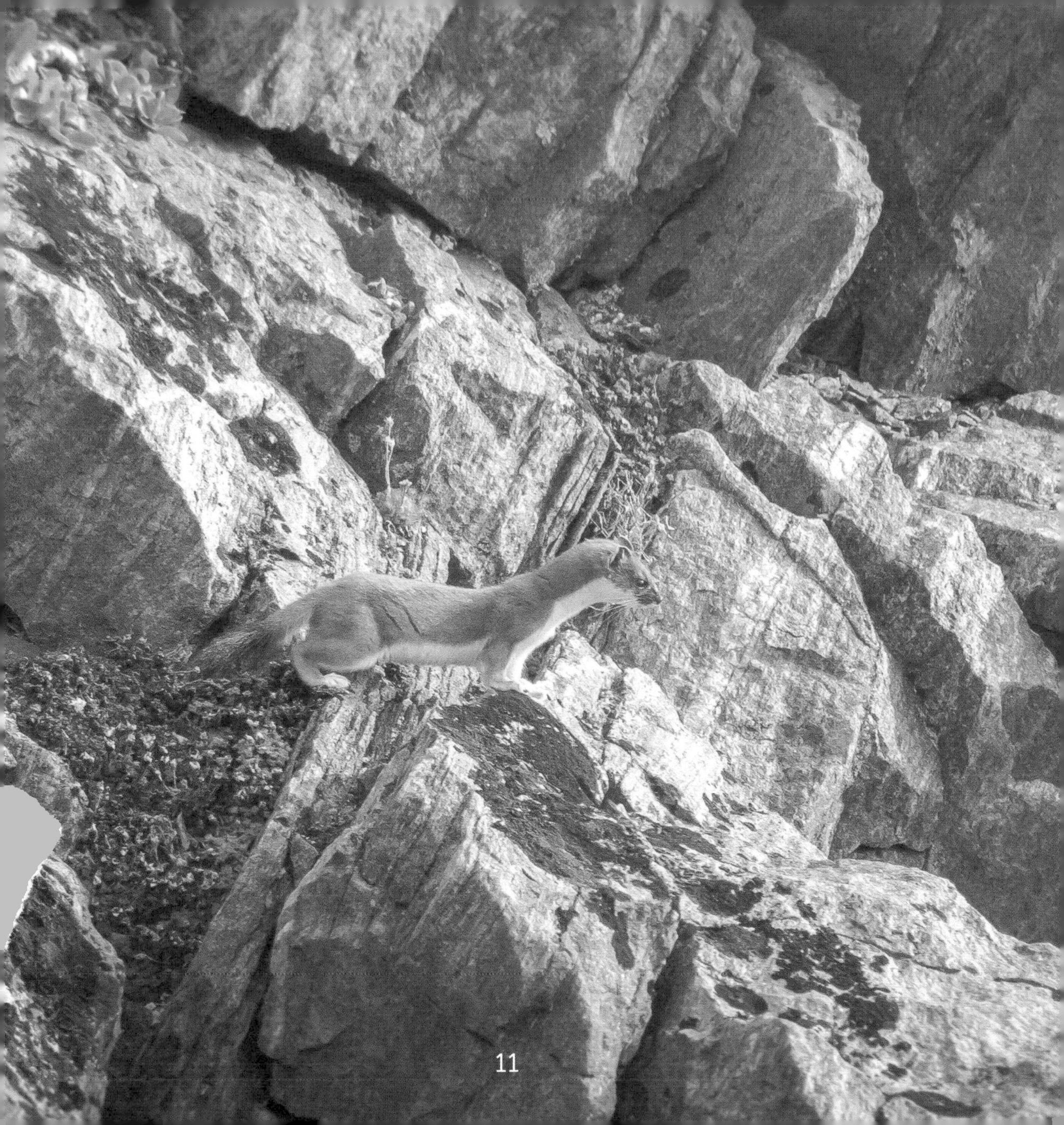

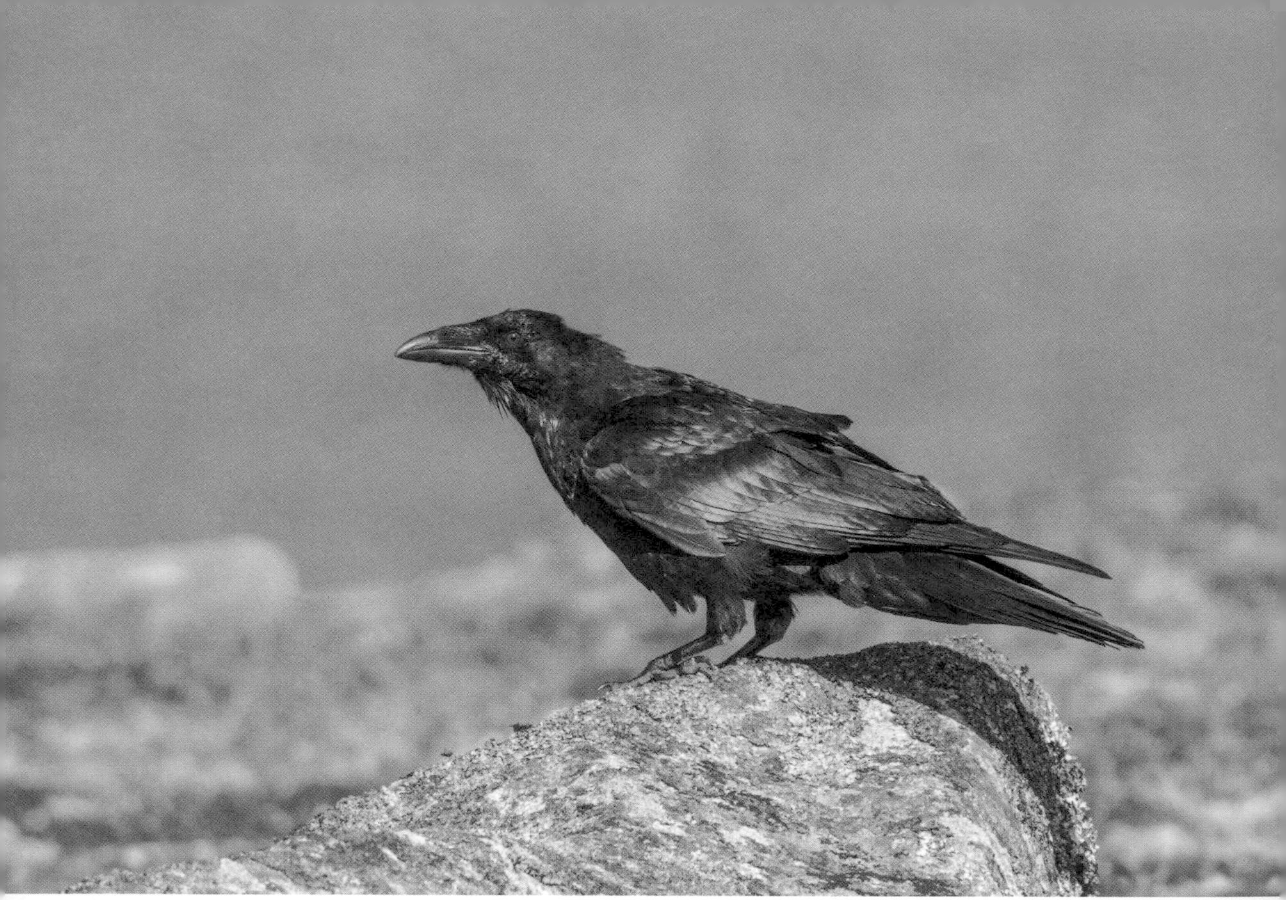

raven